D1678818

- कवि-दिवस नाम से स्वीकृत
  जिनका जन्म-दिवस
  श्रावण शुक्ल तृतीया
  संयोग से मेरा भी जन्म-दिवस सिद्ध हुआ
  उन श्रद्धेय **मैथिलीशरण गुप्त को—**

तथा

- **'रामकथा'** नाम से जिन्होंने
  समस्त भारतीय राम काव्य को
  हिन्दी के माध्यम से सूत्रबद्ध किया
  उन अपने सहपाठी
  डॉ. फादर कामिल बुल्के को—

कवि-कथन

कोई भी मौलिक काव्य कवि-मानस का प्रतिरूप होता है। उसकी रचना चाहे जितनी आकस्मिकता के साथ हुई हो, वह अपने भीतर कवि के अन्तर्जगत् की पूरी झलक सँजोये रहता है जिसका बोध काव्य-मर्मज्ञों को शब्द और अर्थ की एकात्मकता के द्वारा सहज ही प्राप्त हो जाता है। साहित्य एवं कला में प्रेरणा के सूत्र बाहरी देश-काल से कम, प्रज्ञा द्वारा उनके अन्तर्गृहीत स्वरूप से अधिक परिचालित होते हैं। कवि के मन में अपने समय और समाज से अर्जित जो संस्कार सोये रहते हैं उन्हें कोई रचनात्मक उन्मेष इस तरह जगा देता है कि अकस्मात् वे एक सुसंगठित कृति के रूप में सामने आ जाते हैं। ऐसा लगने लगता है जैसे वे पहले से ही रचे हुए थे। कवि स्वयं अपनी रचना को देखकर आश्चर्यमिश्रित सुख का अनुभव करता है। धीरे-धीरे बाकी लोग भी उसके साझीदार बनते जाते हैं। पारखी दृष्टियाँ काव्य-कृति का विश्लेषण-विवेचन करके उसके गुण-दोष प्रदर्शित करती हुई मूल्यांकन करने में संलग्न हो जाती हैं पर कुछ ही व्यक्ति ऐसे विशिष्ट होते हैं जो अपेक्षित सह-अनुभूति के साथ कवि के अभिप्राय को सही रूप में समझ पाते हैं। सामान्य जन प्रायः सतही सम्पर्क से सन्तुष्ट हो जाते हैं। काव्य के भीतरी मर्म तक उनकी पहुँच बहुत कम हो पाती है। सफल काव्य वही है जो अपने प्रभाव से विशिष्ट और सामान्य की दूरी को उत्तरोत्तर कम करता जाय।

'शम्बूक' की रचना-प्रक्रिया

आज से लगभग पाँच वर्ष पूर्व 11-8-70 को मैंने 'पुरावृत्त' नाम से कुछ ऐसी कविताएँ लिखने की योजना बनायी थी जिनमें प्राचीन कथाओं तथा पौराणिक प्रसंगों को नयी अर्थवत्ता के साथ नये रूप में प्रस्तुत करने का संकल्प निहित था। जो बात सीधे या किसी अन्य प्रकार से कहना सम्भव न हो उसे कह सकने में ऐसी कथात्मक संयोजना निश्चित रूप से सहायक होती है। 'रक्त-तिलक' शीर्षक कविता, जो प्रस्तुत रचना का बीज कही जा सकती है, उसी काल में रची गयी पहली कविता है। इस काव्य में मैंने उसे अन्तिम अंश के रूप में समाहित कर लिया है। जो आदि था, वही अन्त बन गया और विचित्रता यह हुई कि राम के विषय में उसमें

जो भी शम्बूक के द्वारा कहा गया था, पूरी रचना में वही स्वयमेव चरितार्थ होता गया, जो विचार-सूत्र उस कविता में संग्रथित हुए थे, सारी रचना की बुनावट में वही सहज रूप में परिव्याप्त होते रहे। वर्णन-क्रम में शैली-शिल्प बदलते जाने पर भी संवेदना का स्तर कहीं भी परिवर्तित नहीं हुआ है, वरन् कथा स्वयं उसके लयात्मक प्रवाह में ढलती गयी। जितने दिनों तक मैं रचना-रत रहा, मुझे यही प्रतीत होता रहा कि जैसे मैं अर्थवाही छन्दात्मक शब्दों का एक अजस्र निर्झर बन गया हूँ। दुर्गा-पूजा के अनुष्ठान की तरह विजय-पर्व के दिन यह रचना स्वतः पूर्ण हो गयी। अपनी अन्तश्चेतना में निहित शम्बूक के व्यक्तित्व को साकार रूप देने के लिए मैं कौन-सी विधि अपनाऊँ, चेष्टापूर्वक यह सब सोचने का अवकाश ही मुझे नहीं मिला। वर्षों पूर्व रेल की पटरी के पास पड़ी किसी लाश के कटे हुए सिर का रक्त-रंजित बिम्ब, जो मेरे मन पर इस अन्तराल में बराबर छाया रहा, सहसा काव्य-प्रेरक होकर शम्बूक के छिन्न शीश से एकात्म हो गया।

प्रवाह-ग्रहण

वाल्मीकि, कालिदास और भवभूति ने रामकथा को जो उदात्तता प्रदान की और जिस अलौकिक भाव-भूमि पर राम के व्यक्तित्व को प्रतिष्ठित किया उसे छू पाने की क्षमता तो मुझमें थी नहीं, अतः मैंने उनके द्वारा वर्णित उसके मानवीय सन्दर्भों को ही प्रमुखता दी है। नये युग के अनुरूप अधुनातन मनोभूमि पर राम के कर्मशील लौकिक राजसी चरित्र को शम्बूक के माध्यम से प्रश्नांकित कराते हुए प्रस्तुत करने की चेष्टा भी उसी की पूरक है। इससे शम्बूक को एक प्रखर एवं जागरूक व्यक्तित्व मिल सका है, ऐसा मुझे लगता है। प्रसंगवश कहीं-कहीं आध्यात्मिकता की पीठिका भी उभर आयी है। क्योंकि भारतीय सांस्कृतिक परिवेश में रामकथा के किसी भी पहलू को उससे अलग कर पाना न तो सम्भव है और न आवश्यक ही। बलात् किसी सत्य को उसकी सहज अन्तश्चेतना से विच्छिन्न कर देना अस्वाभाविक और निष्प्रेरक प्रतीत होने लगता है। इस तरह के कृत्रिम बिलगाव ने प्रारम्भ में मैथिलीशरण गुप्त के आगे भी कठिनाई उपस्थित कर दी थी। मैंने उनके अनुभव से कुछ लाभ उठाने की कोशिश की है। पर इसके साथ-साथ अपने से पूर्ववर्ती कवियों के प्रेरक वर्णनों को अपनाने में मैंने कहीं संकोच नहीं किया है। इस सम्बन्ध में मैं कभी-कभी पगडण्डियों में भटकने की छूट के साथ ही तुलसी के निर्भीक, प्रशस्त एवं परिष्कृत राजमार्ग का अनुसरण करना सदा श्रेयस्कर समझता

रहा हूँ। किन्तु, उनकी मध्यकालीन मनोवृत्ति से उत्पन्न कुछ वैचारिक सीमाओं से मैं कभी अभिभूत या ग्रस्त नहीं हुआ। हाँ, उसकी व्यापक मानवीय संवेदना, दृढ़ नैतिक साहस, जागरूक रचनाशीलता, प्रगाढ़ समर्पण-भावना तथा लोकोन्मुखी गहरी जीवन-दृष्टि ने मुझे निरन्तर प्रभावित किया है; और शायद हिन्दी कवियों में मैं उन्हीं का सबसे अधिक ऋणी हूँ। मेरी यह स्वीकृति सूर, जायसी, कबीर आदि अन्य कवियों के सहज स्वाभाविक काव्य-प्रभाव की अवमानना नहीं मानी जानी चाहिए। वस्तुतः शम्बूक में असहमति, प्रतिवाद और व्यंग्य का जो स्वर उभरा है यदि मैं उसे कबीरी-स्वर कहूँ तो असंगत न होगा पर तुलसी के रामराज्य के आदर्श से भी वह, प्रकारान्तर से ही सही, कम प्रभावित नहीं हुआ है।

नयी विचारधारा

निराला ने 'तुलसीदास' लिखकर जिस प्रकार उनके व्यक्तित्व को विद्रोहात्मकता के द्वारा प्रणम्य बनाया वह मुझे अस्वाभाविक या अविश्वसनीय नहीं लगता है। जो विद्रोह किसी आस्था की धरती से नहीं उठता वह हवा में गुबार की तरह निरर्थक होकर खो जाता है। शम्बूक का विद्रोही स्वभाव उन गहरे मानव-मूल्यों की उपज है जिनके आधार पर नयी कविता के आन्दोलन-काल में नये मनुष्य की परिभाषा निर्मित हुई थी; यथा—

'नया मनुष्य रूढ़िग्रस्त चेतना से मुक्त, मानव-मूल्य के रूप में स्वातन्त्र्य के प्रति सजग, अपने भीतर आरोपित सामाजिक दायित्व का स्वतः अनुभव करनेवाला, समाज को समस्त मानवता के हित में परिवर्तित करके नया रूप देने के लिए कृतसंकल्प, कुटिल स्वार्थ भावना से विरत, मानव-मात्र के प्रति स्वाभाविक सह-अनुभूति से युक्त संकीर्णताओं एवं कृत्रिम विभाजनों के प्रति क्षोभ का अनुभव करनेवाला, हर मनुष्य को जन्मतः समान माननेवाला, मानव व्यक्तित्व को उपेक्षित, निरर्थक और नगण्य सिद्ध करनेवाली किसी भी दैविक शक्ति या राजनैतिक सत्ता के आगे अनवनत, मनुष्य की अन्तरंग सद्वृत्ति के प्रति आस्थावान्, प्रत्येक के स्वाभिमान के प्रति सजग, दृढ़ एवं संगठित अन्तःकरण संयुक्त, सक्रिय किन्तु अपीड़क, सत्यनिष्ठ तथा विवेकसम्पन्न होगा।

इनमें से बहुत-सी बातें शम्बूक के व्यक्तित्व में प्रतिमूर्त हैं, यह कहने में मुझे कोई संकोच नहीं है क्योंकि दोनों ही मेरे अन्तर्मन की सृष्टि हैं। सजीव व्यक्तित्व की कलात्मक रचना विचारों को भी जीवन्त बना देती है।

हिन्दी में तुलसीदास के बाद मैथिलीशरण गुप्त राम को, मानव और ईश्वर विषयक अपनी द्विधा से संयुक्त करते हुए, जहाँ तक ले आये थे उसके आगे की काव्य-यात्रा करनेवाले अनेक कवियों में शामिल होकर मैं अपने को लोभवश उन्हीं की तरह पांक्तेय मानने लगूँ तो अन्यथा न लिया जाय। 'केहि न सुसंगु बड़प्पन पावा।' मैं उन सबके प्रति भी सहज आभारी हूँ। 'शम्बूक' रचने का मुझे इतना लाभ तो मिलेगा ही कि मैं देश-देशान्तरव्यापी रामकथा से अपने ढंग से जुड़ा रहूँ। इधर रामकथा को 'रामायण-विद्या' की सज्ञा दी जाने लगी है—

"रामायण-विद्या एक प्रकार की मूल्य मीमांसा है। राम और रामायण दोनों मूल्य हैं।... वास्तव में रामायण-विद्या एक विश्व-दृष्टि है जिसको अनेक शताब्दियों में हमारे सन्तों ने विकसित किया है।"

('रामायण-विद्या' धर्मविज्ञानपीठ, प्रयाग द्वारा प्रकाशित आमुख, पृ. 9-10)

वस्तुतः यह स्थापना सही है। गीता-महाभारत की तरह रामायण भी मानव-जीवन की गहनतम समस्याओं का निदान प्रस्तुत करने में आज भी प्रेरक दिखायी देती है। नये विचारों के संवहन में उसकी कथागत सीमाएँ भी हैं, यह दूसरी बात है।

कथा-वस्तु : प्राचीन स्रोत और नवीन कल्पना

देश-विदेश तक फैली रामकथा में शम्बूक का प्रसंग कहाँ किस रूप में आया है इसकी सुव्यवस्थित सूचना, प्रयाग को अपना 'मैका' माननेवाले डॉ० फादर कामिल बुल्के ने अपनी प्रसिद्ध पुस्तक 'रामकथा' में कई अनुच्छेदों (618 तथा 628-632) में दे दी है। साथ ही उन्होंने भलीभाँति विचार करके वाल्मीकि रामायण के समस्त उत्तरकाण्ड को प्रक्षिप्त घोषित किया है। शम्बूक-वध भी उसी के प्रक्षिप्त सर्गों (72-82) में सम्भवतः सर्वप्रथम वर्णित किया गया है। आगे यह कथा 'पद्मपुराण' के सृष्टि-खण्ड और उत्तर-खण्ड, 'महाभारत' के 'शान्तिपर्व' (अध्याय 149), रघुवंश के 15वें सर्ग, 'उत्तररामचरित' के द्वितीय अंक तथा 'आनन्द रामायण' के भी अनेक अध्यायों में समाहित मिलती है जिससे इसकी परम्परागत मान्यता और पर्याप्त प्राचीनता दोनों ही बातें स्वतः सिद्ध हो जाती हैं। मैंने शम्बूक सम्बन्धी कथा के सूत्र इसी परम्परा के मूल ग्रन्थों तथा ज्ञात सन्दर्भों से ग्रहण किये हैं परन्तु संग्रह त्याग की निजी प्रवृत्ति को निरन्तर जगाये रखा है। जो प्रसंग मैंने लिये हैं वह तो काव्य से ज्ञात हो ही जायेंगे पर जो नहीं लिये हैं उनका संकेत

किये दे रहा हूँ। शम्बूक-वध के वृत्तान्त की एक दूसरी परम्परा 'पउमचरिउ' तथा कन्नड़ और उड़िया भाषा की कई रामायणों में मिलती है जिसमें शम्बूक जम्बुकुमार, जम्बुमाली और जपासुर आदि कहा जाता है और उसे चन्द्रनखा या शूर्पनखा का पुत्र भी बताया गया है। उसका वध राम के स्थान पर लक्ष्मण करते चित्रित किये गये हैं। मैंने इस परम्परा को बिलकुल छोड़ दिया है क्योंकि पूर्वोक्त परम्परा से इसका कोई मेल नहीं दिखायी देता। गृहीत परम्परा के वर्णन में भी ऋषियों की सभा, आकाशवाणी, ब्राह्मण-पुत्र की आयु का उल्लेख, सेवकों सहित दण्डक-यात्रा, देवताओं का प्रकट होकर पुष्प बरसाना तथा वरदान देना, अगस्त्य ऋषि की राम से वार्त्ता आदि बहुत-से प्रसंग मैंने अनावश्यक एवं अनुपादेय समझकर निस्संकोच छोड़ दिये हैं। सर्प-दंश, नारद द्वारा वसिष्ठ से मार्ग में भेंट और वहीं भावी घटना की सूचना, वनदेवता, दण्डकवन में शिला-चित्रों का अस्तित्व, इन्द्रजाल के रूप में दावाग्नि की व्याप्ति, उसमें राम की क्रोधाग्नि का आभास, अग्नि में सोये सीता के प्रतिबिम्ब का प्राकट्य, शम्बूक के पूर्व जीवन के समस्त प्रसंग, प्रेत द्वारा ब्राह्मण-पुत्र के पुनर्जीवन के यथार्थ कारण का संकेत तथा ऐसी ही अन्य अनेक उद्भावनाएँ किसी दूसरे को नहीं। इसी तरह पुष्पक-यान-यात्रा में राम के विचलित मन के कारण दिशान्तर तथा रामकथा के पूर्व प्रसंगों की स्मृति का समावेश मैंने अपनी ओर से किया है।

सर्प-दंश की कल्पना भी मैंने कहीं से ली नहीं है यद्यपि बुल्केजी की सूचना के अनुसार कन्नड़ भाषा के आधुनिक कवि कुवेंपु के 'शूद्र-तपस्वी' नामक काव्य में वह मिलती है। मैंने स्वयं उस काव्य को देखा नहीं है और न लिखने से पूर्व जाना ही।

अनुक्रम का औचित्य

'शम्बूक' को मैं 'खण्डकाव्य' की जगह 'लघुकाव्य' कहना अधिक पसन्द करूँगा क्योंकि खण्डकाव्य शब्द मेरे मन को किसी टूटी हुई वस्तु का बोध कराता है। लघुकाव्य शब्द भी सापेक्षिक है पर उससे यह बोध उत्पन्न नहीं होता। इसी तरह 'राजद्वार' आदि को मैं 'सर्ग' की जगह 'अंश' कहना अधिक संगत समझता हूँ। 'सर्ग' शब्द परम्परासिद्ध और सम्मान्य होते हुए भी अब मुझे आकर्षक नहीं लगता। अंश में अंशों के साथ एकता भाव अधिक दिखायी देता है।

पहले मैंने 'राजद्वार' के अतिरिक्त 'मृत्यु-दृश्य', 'ब्राह्मण-शाप' तथा 'नारदीय परामर्श' को स्वतन्त्र अंशों के रूप में लिखने की कल्पना की थी परन्तु लिखने के क्रम में वे सब 'राजद्वार' में ही समाविष्ट हो गये तो मुझे सुख हुआ। क्योंकि अनावश्यक विस्तार मुझे अभीष्ट नहीं था। इसके विपरीत 'वनदेवता' का स्वतन्त्र रूप—'दण्डकारण्य' लेखन-क्रम में प्रस्फुटित हुआ। पहले मन में उसको अलग रखने की भावना नहीं थी। उसका स्वतन्त्र हो जाना भी कम सुखद नहीं लगा। 'पुष्पक-यान' को प्रारम्भ में मैंने 'अन्तरिक्ष यात्रा' नाम दिया था क्योंकि उसमें आकाश-दृष्टि से पृथ्वी की रूप-राशि को देखने की ललक स्पष्ट है, पर बाद में वह नाम व्याख्यात्मक लगने लगा। पुष्पक-यान उससे कहीं अधिक प्रतीकात्मक और उपयुक्त है। 'प्रतिपक्ष' और 'छिन्नशीश' का विलगाव भी बाद में घटित हुआ। शायद इसलिए दोनों की छाया एक-दूसरे पर स्पष्ट दिखायी देती है। वस्तुतः 'प्रतिपक्ष' इस काव्य का मेरुदण्ड है। शम्बूक की प्रखर तेजस्विता राम की महान् गौरवमयी राजसी चेतना को आर-पार बेध जाती है। वह उनकी नीति मर्यादा ही नहीं, चारित्रिक महिमा को भी आच्छादित कर देती है। राम का प्रशासकीय दृष्टिकोण कम सबल नहीं है पर शम्बूक की तर्कशीलता जीवन के उस पहलू को उद्घाटित करती है जिसकी उपेक्षा करने से राम का ब्रह्मत्व एवं उनकी विराटता अपनी अर्थवत्ता खो देती है। वर्ण-व्यवस्था का मानवता-विरोधी जड़ रूप अब किसी भी जागरूक तथा प्रगतिशील समाज द्वारा स्वीकृत नहीं कराया जा सकता। कृषि-सभ्यता की पृष्ठभूमि में उपजी हुई वस्तु को यन्त्र-युग एवं अणु-युग पर किसी प्रकार आरोपित नहीं किया जा सकता। राम-राज्य की परम आदर्श कल्पनात्मक धारणा को शम्बूक-वध की क्रूर घटना सीता-निर्वासन के कारुणिक प्रसंग की तरह ही नितान्त विडम्बनापूर्ण बना देती है। प्राचीन धारणा का समर्थन करते हुए ब्रजभाषा में अप्रतिम 'शबरी' काव्य के रचनाकार 'वचनेशजी' ने जिन शब्दों में राम की वकालत की है वे आज तक तनिक भी प्रेरक नहीं लगते; यथा—**'सूद तपी को कियो वध औ सबरी घर पाइ लई पहुनाई।'** नयी चेतना के कवियों का ऐसी घटना की ओर से उदासीन बना रहना किसी प्रकार सम्भव नहीं था। मेरे मन में शम्बूक के 'आत्मकथ्य' को लिखने की भावना इसी कारण उत्पन्न हुई। घटना सम्बन्ध की सारी अलौकिकता को यथार्थ के परिचित धरातल पर उतार लाने की इच्छा तो आज के बौद्धिक वातावरण में नितान्त स्वाभाविक प्रतीत होगी ही, ऐसा मेरा विश्वास है। 'रक्त-तिलक' नामक अंश त्रेता के शम्बूक को द्वापर के एकलव्य से जोड़ते हुए वर्तमान

युग तक का संस्पर्श कर लेता है जिसकी चेतना का मूल आधार ही मानवीय समता पर प्रतिष्ठित है।

शम्बूक का भूमि-पुत्रत्व

मैंने शम्बूक को 'हरिजन' की अपेक्षा 'भूमि-पुत्र' के रूप में प्रस्तुत करना इसलिए अधिक श्रेयस्कर समझा है कि उसकी संगति आधुनिक विचारधारा से पूरी तरह लग जाती है जबकि भक्ति-आन्दोलन की देन के रूप में 'हरिजन' शब्द अच्छे अर्थ का द्योतक होते हुए भी मूलतः मध्यकालीन मनोवृत्ति का ही परिचय देता है। हरि-भक्त रूप में मनुष्य की महत्ता एक बात है और मनुष्य रूप में उसकी गरिमा की स्वीकृति दूसरी बात। मेरी दृष्टि में शम्बूक ही नहीं सारे मनुष्य भूमि-पुत्र कहलाकर नयी सार्थकता पाने के अधिकारी हैं। इस काव्य में यह भाव कई स्थलों पर व्यक्त हुआ है क्योंकि वह मेरी समग्र विचारधारा का केन्द्र-बिन्दु है। मैं इतना भौतिकवादी नहीं हूँ कि आत्मा की सत्ता को ही नकार दूँ, और इतना अध्यात्मवादी भी नहीं हूँ कि भौतिक धरातल पर होनेवाले सारे अनाचारों-अत्याचारों को हरिलीला मात्र मानकर आनन्दित हो जाऊँ। कर्मशील मानव के मूलभूत सामाजिक दायित्व को समझकर एक सन्तुलित मध्यमार्ग खोलने की चेष्टा मेरा मन निरन्तर करता रहता है। प्रस्तुत काव्य में उसी के श्रम-विन्दु इधर-उधर बिखरे पाये जायँ तो उन्हें जड़ाऊ नगीने समझने की भूल नहीं होना चाहिए, क्योंकि वह मेरे प्रति अन्याय होगा।

संस्कृत साहित्य में ऐसी अनेक सूक्तियाँ मिली हैं जिनमें ऋद्धि-सिद्धि, राज्य और स्वर्ग ही नहीं मोक्ष तक की कामना का निषेध करते हुए केवल दुःखी प्राणियों की पीड़ा को दूर करना श्रेयस्कर समझा गया है। आधुनिक युग की प्रजातान्त्रिक समाजवादी विचारधारा इसी बिन्दु पर प्राचीन भारतीय सांस्कृतिक परम्परा से मेल खा जाती है। दोनों की उद्देश्यगत एकता एक कवि की दृष्टि में उपेक्षणीय नहीं है।

पिछली रचना के प्रकाशन के बाद इतने स्वल्प समय में नितान्त अप्रत्याशित रूप से मैं 'शम्बूक' की रचना कर डालूँगा इसका स्वयं मुझे भी अभास नहीं था— विश्वास होना तो दूर की बात है। पर अब जो सत्य सामने आ चुका है उसे 'निज कवित्त केहि लाग न नीका' की स्मृति के साथ अपनाने के लिए मैं सहर्ष प्रस्तुत हूँ। छन्द-बद्ध कविता लिखने के संस्कार मुझमें पहले से रहे हैं, मुक्त छन्द की भूमि पर मुझे निराला और नयी कविता ने ला दिया। इस काव्य में दोनों का समावेश देखकर किसी को आश्चर्य हो तो मुझे आश्चर्य नहीं होगा। कुछ दूर तक मैंने इस

रचना को गुप्तजी के भाव से अवशिष्ट होकर लिखा है; अतः यह उन्हीं को समर्पित भी हो गयी है। व्यास-वचन की स्मृति दिलानेवाली उक्ति चाहे वह ब्रह्मा की ही क्यों न हों, पर अब कवि के शब्दों में ही मैं भी कहना चाहूँगा—

'मेरी कृति में मनुष्यत्व से श्रेष्ठ नहीं कुछ'

—जगदीश गुप्त

अनुक्रम

•

हे राम!
तुम्हारी रची
रक्त की भाषा में

हर बार
तुम्हीं से कहता है
शम्बूक मूक,

तज कर्म-वेद-पथ,
वर्ण-भेद-पथ—
अपनाकर

मानव समाज की
ऊर्ध्वमुखी मर्यादा में
तुम गये चूक।

मनुजता हो जहाँ आहत, मूक,
वहीं उसका स्वर बने शम्बूक।

राजद्वार

आगे ज्योति मण्डित
दीर्घ उन्नत
दिव्य राजद्वार

पीछे शक्तिशाली
        लोक-रक्षक
राम   का   दरबार

ऊपर तोरणों
आच्छादनों
कलशों
ध्वजों की पाँति

जितने रूप
उतने रंग,
जितने रंग
        उतनी भाँति

सहज प्रहरी
        दण्डधारी हर प्रहर
हर दिशा
उल्लास की उठती लहर

यह अयोध्या का हृदय
प्रत्यक्ष है
कौन इससे अधिक है,
समकक्ष है

चीर कर शहनाइयों का नाद
बेधता किसका असीम विषाद
शब्द कर्कश बोलता है कौन
अमृत में विष घोलता है कौन

शिखा खोले
क्षुब्ध ब्राह्मण एक
दे रहा अभिशाप
बाँहें फेंक

भूमि पर
उसका तरुण प्रतिरूप
भग्न, निश्चल
यज्ञ का ज्यों यूप

विगत के
अस्तित्व से अनजान
स्वप्न में होता
भविष्यत् ज्ञान

रात्रि के
पिछले पहर
निस्तब्ध
व्यक्ति से—
ज्यों बोलता प्रारब्ध

उस तरह
उसका करुण चीत्कार
पैठ जाता चेतना के पार

शान्त फिर भी
राम का दरबार

मौन फिर भी
भव्य राजद्वार

यातना उसकी
दरारें खोल
ला रही थी
सृष्टि में भूडोल

भूमि पर
अघटित घटेगा क्या?
सूर्य निज पथ से
हटेगा क्या?

लगी पड़ने स्याह गोरी देह
हो रहा विष दंश का सन्देह
'कौन जाने कहाँ कैसा नाग
दे गया मेरे तनय को दाग

बुझा मेरा वंश-दीपक आज
राम यह कैसा 'तुम्हारा राज'
शोक से ब्राह्मण हुआ निश्शब्द
घट गये ज्यों आयु के सब अब्द

प्रजा पर यदि गिरे कोई गाज
'दोष राजा का', उठी आवाज

जगे पुरजन, लगा होने भोर
मच गया चारों तरफ यह शोर

राम-राज नहीं रहा अकलंक
इस कमल में भी सना है पंक

हुआ राजा से कहीं कुछ पाप
क्यों प्रजा पर छा रहा संताप

सोचने जनता लगी यह बात
दुख न बीता किन्तु, बीती रात

मत कहो राजा प्रतापी है,
स्वार्थपर है और पापी है

जब असह होने लगे उद्गार
तनिक चेता राम का दरबार

मन्त्रि-परिषद्
इस समस्या पर करें
जब तक कि सोच-विचार
राज-वैद्य करें
गहन विष-दंश का उपचार

अन्ततः
उद्‌घोषणा यह
लोक ने भी मान ली
है प्रजा की
राज्य को चिन्ता हुई कुछ,
जरठ जन ने
बात इतनी जान ली

गुप्तचर से
प्रजा का अभियोग जाना राम ने
किन्तु शय्या छोड़
आये नहीं सबके सामने

वृद्ध ही थे,—दो घड़ी में
वैद्यराज हुए शिथिल, असमर्थ
मृतक बालक जी न पाया
हो गये उपचार सारे व्यर्थ

बन्धु-बान्धव सब रहे
अविराम चिन्तित
मन्त्रियों के साथ
बैठे राम चिन्तित
विप्र के दुख से
अयोध्या धाम चिन्तित
जप रहे थे भक्त भी
हरि नाम चिन्तित

आर्त जनरव लगा बढ़ने
ज्यों दिवस का ताप
भाग्य-लिपि को लगे पढ़ने
लोग अपने आप

किन्तु कोई भी
समझ पाया न उसका अर्थ
वैद्य के उपचार-सा
श्रम हुआ सारा व्यर्थ

एक बोला—
विप्र-पुत्र अकाल ही मर जाय
इससे बड़ी कौन विपत्ति?

दूसरे ने कहा
यह तो विधाता की
सूचना भर है,
देश पर अति शीघ्र
आयेगी महा आपत्ति

तीसरा कहने लगा
होगा तभी सन्तोष,
जान लें जब लोग
इसमें राम का क्या दोष?

उठा चौथा बोल—
मरना और जीना
भाग्य के आधीन
व्यर्थ की बकवास है सब,
पर न माने तीन

गुरु बुलाये गये
वे निश्चय करें कर्त्तव्य
कुछ बतायें हमें
आगे और क्या भवितव्य

निज कुटी से
लगे करने
जब वसिष्ठ प्रयाण

मार्ग में
मिल गये नारद
और बोले—
"राम का होगा नहीं कल्याण
नहीं जीवित हो सकेगा
विप्र-सुत म्रियमाण"

वे महाकटु शब्द
गुरु के मृदु हृदय में
लगे जैसे बाण

वसिष्ठ : क्यों नहीं कल्याण होगा?
क्यों नहीं मृत विप्र-सुत का
त्राण होगा?

बोलिये ऋषिराज!
किसलिए इस भाँति
करने को कृतार्थ हमें
पधारे आज?

क्या शचीपति इन्द्र है निश्चिन्त?
क्या किसी ने
भूमि से ऊपर उठाकर हाथ
तोड़ा कल्प-तरु का वृन्त?

नारद : आपने सच ही कहा गुरुदेव
है नहीं इसमें तनिक अवरेव
मुझे लगता है नियति का त्रास
आपको भी दे गया आभास

वसिष्ठ : नहीं नारद! नहीं,
मुझको नहीं कुछ भी ज्ञात
कहो मुझसे स्पष्ट
कहनी है तुम्हें जो बात

नारद : कर रहा तप शूद्र कोई
अधोमुख दण्डक गहन में
स्वर्ग का सुख लूटने की
लालसा को लिये मन में
चाहता है एक दिव्य कृपाण
किन्तु जायेंगे उसी के प्राण

वसिष्ठ : विप्र-सुत की मृत्यु से
इसका कहाँ सम्बन्ध?
देवगण रहते सदा
क्या स्वार्थ में ही अन्ध?

नारद : सोचिये सम्बन्ध तो
बिलकुल प्रकट है देव!
हर समस्या दूसरी के
सन्निकट है देव!

विपिन जाकर
शूद्र-मुनि-वध
जब करेंगे राम
विप्र-सुत
होगा तभी जीवित
सहज परिणाम

वसिष्ठ : जो बतायी युक्ति
लें उसके लिए आभार
मार्ग में मुझको मिले
कैसे करूँ सत्कार

'स्वस्ति' नारद ने कहा
कर से बजाकर बीन

शिखा नागिन-सी
तुरत लहरा उठी अति पीन

हुए अन्तर्धान वे
वह भी हुई नभ-लीन

इन्द्र-नारद का हुआ
जब भी जहाँ संयोग
लोक-मानस में तभी
उपजा भयानक रोग

इन्द्र, इन्द्रिय-सुख अपरिमित
और नारद, बुद्धि
मिलन से इनके
न होगी कभी
मन की शुद्धि

है यही उपयुक्त
जाग्रत रहे
सदा विवेक
व्यक्ति-मन की नहीं
इससे बड़ी
कोई टेक

सत्त्व निष्क्रिय हो गया
जब राम
राजस से हुए सम्बद्ध
तमस् ऊपर लगा उठने
मौन तप की वृत्ति से आबद्ध

मिली गुरु की मन्त्रणा
या मिला नारद-मन्त्र
हो उठा गतिशील तत्क्षण
राज्य का संयन्त्र

राम ने निश्चय किया यह
वे अकेले ही करेंगे
शूद्र-मुनि की खोज
सचिव, सेवक
साथ में कोई न होंगे
भले ही लग जायँ
कितने रोज

•

पुष्पक-यान

रत्न मणियों से जटित
प्रतिबिम्बमय अभिराम
कर रहा शतरूप प्रकटित
एक दर्पण-धाम

चमचमाती झालरें
सीधी खिंची सब ओर
आतपत्र सम्हालती
बहुरङ्ग-रेशम-डोर

ध्वज कँगूरों से बँधे
लहरा रहे उन्मुक्त
घण्टियाँ बजतीं मधुर
स्वर-कम्पनों से युक्त

स्वर्ण-खम्भों में बने
मणिधर निगलते मोर
थीं खचित गज-पंक्तियाँ,
कुछ कीर्तिमुख भी घोर

राम को आरूढ़ कर
चल दिया पुष्पक यान
उठा ज्यों ही भूमि-तल से
उठ गये सोपान

स्वर हुआ ऐसा कि जैसे
गूँजते हों गीत
भर गया आकाश भर में
प्रीतिकर संगीत

एक झंझावात-सा
मन को गया झकझोर
देखते गरदन उठाये
सब उसी की ओर

हंसिनी की दस दिशाएँ
रहीं ग्रीवा मोड़
यान जायेगा किधर
बाकी सबों को छोड़

हर दिशा उत्सुक बनी थी
पंख अपने खोल
रूप-रस में दिया किसने
मधुर कलरव घोल

हुई उसकी गति नियन्त्रित
ले मनस् आधार
यान चलता राम के
संकल्प के अनुसार

उठ गया वह बादलों की
सतह से ऊपर
किन्तु चिन्तित राम के
लोचन लगे भू पर

मुद्रिका के स्वर्ण तल-सा
दीप्त सरयू-नीर
नगीने-सी अवध नगरी—
जड़ी, मरकत-हीर

दूर तक चौकोर वस्त्रों से
बिछे वन-खेत
श्वेत चाँदी चूर-सी
फैली हुई थी रेत

चींटियों की तरह
चलते लग रहे थे लोग
कहीं ओझल, कहीं उज्ज्वल,
दृष्टि का संयोग

बिछा चौसर-सा चतुष्पथ
कौड़ियों से ढोर
हरित वृक्षों से खिलाड़ी
जुटे चारों ओर

मन्दिरों के शिखर झिलमिल
काँपते जल-बिन्दु
लग रहे निर्मल जलाशय
भूमि उतरे इन्दु

मोतियों से गोल गुम्बद
सीपियों से घाट
भूमि की निधियाँ
गगन से देखते सम्राट्

आ गयी लो सामने
सुकुमार सुरसरि-धार
और यह हरिताभ यमुना
स्नेह का संचार

देख संगम ओर
मन में सोचते रघुनाथ
मैथिली की बाँह
थामे हो उन्हीं का हाथ

यह सघन वट-वृक्ष
नीले पत्रवाला छत्र
छाँह में अपनी समेटे
युगल तन एकत्र

याद आने लगी—
परिणय की घड़ी सुख-सिक्त
हो गयीं आँखें तरल
जल-धार से अभिषिक्त

आँसुओं के आवरण में
पुतलियाँ थीं लीन
दृश्य धुँधला पड़ गया
आकार हुए विलीन

प्रिया-निर्वासन-समय की
रही मुद्रा शेष
पानी जैसी पीत काया,
स्याह बिखरे केश

जानकी-दुख से हुआ
यों राम का मन म्लान
विपथ होकर चल पड़ा
उत्तर दिशा को यान

क्षीर-सागर की तरङ्गों से
उठे हिम-शृङ्ग
उच्चता से कर रहे
आकाश का मद भंग

दो समुद्रों बीच फैला
मानदण्डाकार
तोतला हिमगिरि
प्रकृति-सौन्दर्य का गुरु भार

अनगिनत नदियाँ लहरतीं,
हिल रहे ज्यों हार
शुभ्र पार-सी झलकती
प्रखर उनकी धार

देवतरुओं की कतारें
हरित रेखा मात्र
घाटियाँ दुर्गम
अलंकृत रूप-लेखा मात्र

दूर उड़ते विहग
जैसे नाचते हों बिन्दु
और बादल राशि—
नभ में उमड़ आया सिन्धु

सब वनस्पतियाँ
अचानक जग उठीं
राम को जैसे
बताने मग उठीं

अवधपति श्रीराम आये
—स्वर हुआ
गूँजकर गतिमान् ज्यों
निर्झर हुआ

राम की तन्द्रा हटी
कुछ और आया ध्यान
चल पड़ा अति क्षिप्र गति से
पूर्व पथ को यान

साथ लक्ष्मण के
पिता का मानकर आदेश
गये विश्वामित्र के संग
है यही वह देश

थी यहीं बैठी कहीं
धरकर शिला का रूप
मथ रहा था मन
अहल्या का विगत विद्रूप

दाम ने छूकर उसे
जैसे किया गतशाप
याद सब आने लगा
इतिहास अपने आप

एक नारी को सुगति दी
एक को परिताप
छोड़ जाऊँगा जगत् पर
कौन-सी मैं छाप

और यह मिथिलापुरी
योगों जनक का गेह
यह स्वयंवर-भूमि
जनरव शान्त, गत-सन्देह

वाटिका में प्रथम दर्शन
दृगों का उलझाव
पर अविचल, शिथिल अंचल
मुग्धता का भाव

साथ दृग-मुख-कर उठाकर
डालना जयमाल
पैर छूने में झिझकना
काँपना बेहाल

यहीं पर आकर परशुधर
हो गये थे दीन
यहीं बाणासुर डरा
रावण हुआ श्रीहीन

याद कर पाये नहीं
पहली मिलन की रात
राम के मन में जगी
सीताहरण की बात

चित्रकूट-निवास का
आया उलट कर ध्यान
तभी पुष्पक-यान
दक्षिण को हुआ गतिमान्

उभरने रह-रह लगा
दुखमय समस्त अतीत
गया इस क्रम में न जाने
समय कितना बीत

पवन के आघात से
सहसा हुआ चित-भंग
लगे जुड़ने स्वयं
बिखरी चेतना के अंग

विन्ध्य गिरि की शृंखलाओं का
हुआ आभास
और दण्डक वन
झलकने लगा बिलकुल पास

सब दिशाओं से
सिमट आया मधुर संगीत
घण्टियों की ध्वनि
रही वातावरण को जीत

यान के तन से हुआ
यों तेज का विस्तार
छा गया आलोक
चारों ओर गोलाकार

प्रेरणा ऐसी हुई
भू पर उतरा यान
हरी कोमल दूब के
ऊपर उतारा यान

वनदेवता

पवन से
नभ-यान का
पाकर पता
चले—
स्वागत के लिए
वनदेवता

साँझ को भी
फूल सब खिलने लगे
तरु-शिखर
उल्लास से हिलने लगे

भर गया वन-प्रान्त
स्निग्ध सुगन्ध से
रोम पुलकित
राम के सम्बन्ध से

पक्षियों की पंक्तियाँ
उड़ने लगीं
दिव्य बन्दनवार-सी
जुड़ने लगीं

आ गये सब पास
जो भी दूर थे
नृत्य में खोये
प्रमत्त मयूर थे

झुण्ड हिरनों के
सिमट आये सभी
स्वर्ग-मृग के वधिक से
शंकित अभी

हिरनियाँ ही उन्हें
भय से वारतीं
मैथिली-सी
राम-रूप निहारतीं

पुष्प-वर्षा, दृष्टि पथ में
पास पुष्पक-यान के आते हुई
वीरुधों की चेतना,
आलोक के संगीत ने जैसे छुई

मन्त्र से कीलित दिशाएँ
स्तब्ध थीं
पढ़ रहीं शम्बूक का
प्रारब्ध थीं

स्वस्ति-पद
वनदेवता पढ़ने लगे
शब्द
स्वर-सोपान पर चढ़ने लगे

राम-राघव नाम का
कल्याण हो
खड्गधारी राम का
कल्याण हो
फिर नयन-अभिराम का
कल्याण हो
त्यागमय निष्काम का
कल्याण हो

नील सलिल-प्रवाह से
दो कमल ऊपर उठे
सम्पुट-बद्ध हो
सुस्थिर हुए

रत्नजटित किरीट
रवि-प्रतिबिम्ब-सा
हिल उठा
उतर कर नभ-यान से
श्रीराम जब
नत-शिर हुए

स्वस्ति-वाचन का मधुर स्वर क्षीण
ले गयीं सारी दिशाएँ छीन
गूँज से अनुगूँज रचती रही
हो गयी स्वर मात्र सारी मही

उभर आयी राम की पद-चाप
वेध मुखरित मौन अपने आप
हृदय पर अंकित चरण की छाप
संतप्त धरती का मिटा संताप

जब हुई अनुकूलता
आगत अतिथि की ज्ञात
कह उठे वनदेवता
अपने हृदय की बात

वनदेवता : यहाँ चौदह वर्ष तक
तुमने किया वनवास
तुम नहीं वन से अपरिचित
है हमें विश्वास

उस समय तुम थे बटोही
राज-सत्ताहीन
किन्तु अब तुम राजपद पर
हो चुके आसीन

तुम अयोध्यापति बने
रघुवंश के सिरमौर
स्वतः सब कुछ जानते हो
हम कहें क्या और

सुना,
फैली हैं तुम्हारी
योजनों तक योजनाएँ
पर अगर
सीमित रहीं
आयोजनों तक योजनाएँ
यदि पहुँच पायी नहीं
भूखे जनों तक योजनाएँ
पर्वतों, नदियों, पठारों
निर्जनों तक योजनाएँ

ये निरक्षर वन्य पिछड़े लोग
सहते रहें कब तक यातनाएँ
अधमरे ये कहाँ तक
सन्तोष को खायें-चबायें

क्यों करें वन-पाल
पशु की भाँति अत्याचार
क्यों न मानव-सा
इन्हें मिलता रहे व्यवहार

क्यों सताने इन्हें
आते हैं तुम्हारे भृत्य
क्यों न करते तुम
इन्हें सद्भाव से कृतकृत्य

इन्हें भी अपनत्व का
साधन मिले
धन मिले या नहीं
पर ईंधन मिले

ये चना अपने चबाकर
हाथ चाटेंगे
या रहेंगे मौन,
अपना पेट काटेंगे

काम करने में इन्हें
लज्जा नहीं लगती,
क्या भली इनकी तुम्हें
सज्जा नहीं लगती!

ये बुरी करतूत में भी कम नहीं
हैं जहाँ झख मारते, मरते वहीं
मद पिये, भँवरे बने गुंजारते
भूल जाते, जीतते कब हारते
यदि इन्हें कोई चढ़ा दे सान पर
खेल जायें तुरत अपनी जान पर
भूमि पर इनके कलोरे कूजते
चाँद-सूरज-आग सब को पूजते

अग्नि से ही प्राप्त सारी सिद्धि है।
अग्नि में ही व्याप्त इनकी ऋद्धि है
यह जलाती है इन्हें दावाग्नि
या जलाती है इन्हें जठराग्नि

जागते-सोते तुम्हारा नाम
जपा करते हैं निपट निष्काम
याद शबरी की इन्हें सब बात
जोहते हैं बाट ही दिन-रात
झोपड़ों के बीच जूठे बेर
शबरियों ने कर लिये हैं ढेर
यदि तुम्हारा आगमन लें जान
नाच उट्ठेंगी, गुँजाकर गान
लीप गोबर से धुमैला धाम
साग-पात परोस देंगी राम!
पर इन्हें, संवेदना से हीन
नगरवासी समझते मृग-मीन

दण्ड देने हेतु
दण्डक में यहाँ तुम आ गये
एक क्षण सोचो
कहाँ पर थे, कहाँ तुम आ गये

यह विनय
नंगे बदन
वनवासियों का देस
यह विजन
मन में मगन
वनवासियों का देस

तुम यहाँ उतरे
गगन से लिये पुष्पक-यान!
यह अभावों भरा
सुप्त उदासियों का देस

राम! अब तुम नगरवासी हो
चक्रवर्ती हो, सुपासी हो
विजन की करना नहीं अवमानना
विजन को अपना स्वजन ही जानना

विनत हो जब राम आगे बढ़े
सहसा हुई कुछ अनुतप्त
लोचन-कोर
इन्द्रजाल लगा उसी क्षण
वह्नि भीमाकार बन कर
व्यापने सब ओर

लगा जैसे—
राम के भीतर छिपी क्रोधाग्नि
हुई बाहर क्षुब्ध मन के,
बन गयी दावाग्नि

आग आगे, आग पीछे
आग ऊपर, आग नीचे
बस कि अन्धाधुन्ध छायी
हद दिशा में आग
घिर गये सब जीव उसमें
कौन पाया भाग

तरु-शिखर तक, फूल जैसे
खिल रहे अंगार
माँगते थे जन्तु पानी,
मिल रहे अंगार

खौलने को आ गया
सर-निझरों का नीर
खड़ी चारों ओर घेरे
आग की प्राचीर

लगा मन में, लपट की
क्रम-बद्धता को देख
कहीं पग से राम के ही
दबी लक्ष्मण-रेख

थहरते थे शाल शंकित
काँपते थे नेत्र
खुल गये ज्यों रुद्र के
हर ओर शत-शत नेत्र

गजों की चिंघाड़ भीषण
नाद असह अतीव
फड़फड़ाते पर पखेरू
तड़फड़ाते जीव

तेज लपटों की लहर से
काँपते कुस-काँस
फूटते-फटते हरे फल,
चटचटाते बाँस

थरथराते पेड़, पड़ते
अरअराकर टूट
हिंस्र पशु उठ भागते
ज्यों शर रहे हों छूट

भूमि से आकाश तक
छाया धुआँ घनघोर
बिजलियों-सी लपकतीं
लपटें, कराल-कठोर

इन्द्र को भी एक क्षण
ऐसा हुआ अनुमान
रच रहे लंका-दहन
आकर यहीं हनुमान

सब तरफ फैली चिरायँध,
रुँध रही थी साँस
जलन से कुछ और ऊपर
लगी उठने धाँस

हो गया ज्वालामुखी-सा
विन्ध्यगिरि का रूप
क्यों यहाँ पर लौट आये
राम बन कर भूप

था अगर आना
उसी मुनि-वेश में आते
तब विपिन को
और भी फूला-फला पाते

दृष्टि अपनी खो चुकी, वनदेवता की आँख
पलक यों झुलसे कि जैसे पाँखियों की पाँख

राम ने जो रचा
माया रूप सीता का अलौकिक
ली परीक्षा अग्नि की जब
भस्म होकर वह उसी में सो गया

देख कर उनको घिरा दावाग्नि से अब
द्रवित ममता में
वही प्रतिबिम्ब प्रकटित हो गया
जिधर देखा राम ने
सीता नजर आयीं
वे चकित थे

वे भ्रमित थे
सोचते
यह असत्य है
या मात्र परछाईं!

उन्हीं की माया, उन्हीं पर छा गयी
यह अपनी क्रूरता की आ गयी

किस तरह आँसू बहाती
गयीं बन की ओर
किस तरह टूटी-खिंची
अपनत्व की मृदु डोर

राम व्याकुल हो उठे फिर
जब दिशाओं में
हुआ मुखरित उन्हीं का नाम
उन्हें ऐसा लगा
जैसे मैथिली ने ही पुकारा 'राम'।

रह नहीं वे भी सके फिर मौन
सहन इतना कर सका है कौन

तभी सहसा चेत उनको हुआ
खड्‌ग का फल तप्त, तन से छुआ
इन्द्रजाल कटा
मिटा दावाग्नि का दुर्बोध
सिमट कर मन में समाया
पुनः मन का क्रोध

चले वन की ओर होकर शान्त
खोज ले सन्मार्ग ज्यों पथ-भ्रान्त

दण्डकारण्य

कोल की काया
कमठ की पीठ से पर्वत
राह रोके खड़े निश्चल
ढीठ से पर्वत
तनिक आगे बढ़े, ओझल
ढीठ से पर्वत

बादलों की तरह श्यामल
वन सघन
धूप जिनसे भूमि तक
आती न छन

द्रूमों से उलझीं
कुसुम-रंजित लताएँ
हर प्रबल संकल्प को
घेरे हुए ज्यों वासनाएँ

पत्तियों पर ओस-कन ठहरे हुए
भीगने पर रंग कुछ गहरे हुए

वे शिलाश्रय शृंखलाएँ चित्रमय
देख कर जिनको, ठहर जाता समय

परों से माथा सजाये, नग्न तन
बाँध सिर पर सींग, पशु-चेहरे पहन

नाचती फिरतीं दिये गल-बाहियाँ
आदिवासी नर्तकों की पंक्तियाँ

भंगिमा से अङ्ग कुछ तिरछे किये
जा रहे आखेट को बरछे लिये

दूर उस मृग को धनुर्धर ताकता
ओट में छिपकर सुअवसर ताकता

रस्सियों की सीढ़ियाँ, छतों तलक
तोड़ लें मधु-कोष सब, निर्भय ललक

झुके स्वस्तिक पूजते कुछ क्षीण तन
कुछ खड़े ज्यों बात करते आयतन

रङ्ग गेरू का जमा, पत्थर हुआ
रूप-रक्षी चितेरे का कर हुआ

हर झलक उन्मुक्त जीवन की वहाँ
ढोल बजते, गीत लहराते जहाँ

धातु रागों से अनेकों रङ्ग
अनमिले भी रच गये सब अङ्ग

विविध पशुओं के प्रकल्पित रूप
कुछ अलंकृत, कुछ सरल, विद्रूप

एक-शृङ्ग उछालता नर-देह
पाँच-छह आखेटकों का तेह

तीक्ष्ण भालों से प्रचण्ड प्रहार
अन्ततः दुर्जेय पशु की हार

देह-बल से बुद्धि-बल की जीत
बन गयी इतिहास का संगीत

वर्तमान जगत् उसी की छाप
बुद्धि की कोई नहीं है माप

स्वर भविष्यत् का अरूप-अछोर
बुद्धिबल से आत्मबल की ओर

कभी उड़ते पक्षियों का
कभी तिरते बादलों का
आँकता प्रतिबिम्ब जिसका नीर
उस गहन गोदावरी के तीर

किस अलक्षित आँख की परछाइयाँ
तैरती-फिरतीं रुपहली मछलियाँ
गूँजते भौंरे, थिरकतीं तितलियाँ
अंग-अंग पराग-रंजित चितलियाँ

तरु-विवर में छिपे कीड़े ताक
चोंच घिसते पत्थरों पर काक
शीश खुजलाते उठाकर पाँव
जोर से फिर बोल देते काँव

मानकर सारे जगत् को तुच्छ
नाचते रहते झुका कर पुच्छ
आग-सी आँखें, धुएँ-सा रंग
गुटर-गूँ करते, मटकते अंग

पुतलियाँ जैसे जड़ी हों पोत
हर कपोती के समीप कपोत
मत्त उठती और गिरती ग्रीव
देखते ही मुग्ध होते जीव

वह नदी-तट हो, कि निर्झर-धार
जहाँ भी जल का मिले संचार
जहाँ भी जल से भरे हों कुण्ड
कूजते वन-कुक्कुटों के झुण्ड

धार-मथकर लौटते गजराज
तोड़ तरु शाखा सजाते साज
सूँड़ से सिर पर गिराते खेह
रगड़ते भारी तनों से देह
टूट कर गिरते द्विजों के नीड़
फूटते अण्डे, हृदय उत्पीड़

गोल बाँधे खड़ी शंकित नीलगायें
कौन कह सकता किधर को भाग जायें
अधचबाये पात होंठों में दबाये
कुछ चकित उत्कण्ठ, कुछ गरदन झुकाये

चौकड़ी भरते हिरन-दल दूरगामी
गति प्रकृति से भी न इनकी गयी थामी
पैर धरती से न छूते उछल जाते
आँख से देखा कि आगे निकल जाते

कोंपलों को बेधती जब धूप
दे उन्हें दीपक-शिखा का रूप
अग्नि की लघु अर्चियों का रंग
फूटता चिनगारियों के संग

जुगुनुओं की ज्योति रम्य अतीव
पड़ गया ज्यों तारकों में जीव
जानकर मणि लपकते हैं सर्प
किन्तु उनका टूट जाता दर्प

देख केका-शब्द मरते मोर
रेंग जाते त्वरित बिल की ओर
देखना-सुनना जहाँ हो एक
नाम चक्षुश्रवा सहित-विवेक

वेद-ध्वनि-सा मेंढकों का नाद
बटुक करते पाठ अपना याद
बोलते ही फूल उठते कण्ठ
रंग मटमैला कि जैसे ठण्ठ

एक कुछ चलता उछलता एक
किन्तु निश्चल देह भेक अनेक
एक मृत-सा तैरता गत-भार
एक जल-तल पर बिछल कर पार

भीग जाती भूमि होती वृष्टि
सजल-सी वनदेवता की दृष्टि
सभी को देती तृषा से त्राण
प्राण पा जाते सभी म्रियमाण

गह्वरों में गूँज उठते शब्द
मौन भी बीते अनेकों अब्द
दुंदुभी-ध्वनि से उठे संकेत
पार करते गहन वन, गिरि, खेत

उसी से होता सहज संवाद
एकता, संग्राम, तर्क, विवाद
दूरवर्ती आदिवासी लोग
मिलन का मिलता कहाँ संयोग

भूल कर आदिम दशा की याद
बता मानव प्रकृति का अपवाद
किन्तु हो पाया कहाँ विच्छिन्न
नाल से टूटे कमल सा खिन्न

वह, वनस्पति, खग-मृगों की नींद
आज भी आती उसे है नींद
हड्डियों तक व्यापता जब शीत
जीव हो जाते सभी भयभीत

सिमटकर सोते, सँजोते ताप
सिहिर उठते रोम अपने आप
सिंहनी भी सिंह-सुत के साथ
दीखती कम ही जलाशय-पाथ

गठे ठिठुरे से पठार-पहाड़
अरे! इनके भी गये जम हाड़
चू रहे महुए, गमकती गन्ध
सब दिशाएँ हो रहीं मधु-अन्ध

लाल धरती पर हुए एकत्र
उगे सन्ध्याकाश में नक्षत्र
पक्षियों का तार सप्तक छेड़
देर तक बजते रहे हैं पेड़

झर चुके कितने द्रुमों के पात
हवा चलती, हरहराती रात
कहीं भी पत्ता खड़कता एक
जाग उठते जीव-जन्तु अनेक

इस सिरे से उस सिरे तक, दूर
नित्य छितराती उषा सिन्दूर
भूमि का अक्षय अनन्त सुहाग
राग से ही जागता अनुराग

चाँदनी उतरी धरा पर
श्वेत रेशम-पंख फैलाये
आँख-जैसा पात्र छोटा
कौन कितना रूप पी पाये

प्रतिपक्ष

दो मनस्वी व्यक्तियों में
हुआ वध से पूर्व
जो भी मानसिक संवाद

लिख दिया वध-बिन्दु से—
इस लेखनी ने
क्षुब्ध मन को रहा जो कुछ याद

शम्बूक : जो व्यवस्था
व्यक्ति के सत्कर्म को भी
मान ले अपराध

जो व्यवस्था
फूल को खिलने न दे
निर्बाध

जो व्यवस्था
वर्ग-सीमित स्वार्थ से
हो ग्रस्त

वह विषम
घातक व्यवस्था
शीघ्र ही हो
अस्त

रक्त से गीली धरा
पग से कुरेद-कुरेद
सोचते थे राम नत-शिर
कर्म-फल का भेद

कभी इस अपने किये पर
हो रहा था खेद
शक्ति देता कभी
दृढ़ कर्त्तव्य को, निर्वेद

अन्ततः निकला
प्रशासक-स्वर गहन गम्भीर
जो गया
सारी दिशाओं को
वनों को
चीर

राम : व्यवस्था का प्रश्न
यदि अपराध से
पहले किया होता
दण्ड देने की जगह
शम्बूक!
मैंने भी तुम्हें
उत्तर दिया होता

जो व्यवस्था
लोक-स्वीकृति
राज्य से
सम्मान्य होती है
वही हितकर है,

वही सारी प्रजा को
मान्य होती है

व्यक्ति कोई
यदि व्यवस्था-भङ्ग करने का
करे संकल्प—
उसको प्रश्न का
होता नहीं अधिकार

अमर्यादित आचरण
पर ही पड़ेगा
दण्ड का सब भार

शम्बूक : नहीं मुझको चाहिए
हे राम!
मर्यादा तुम्हारी
क्या प्रशंसा करूँ
अपनी बुद्धि से—
ज्यादा तुम्हारी

लोकनायक वही जो—
संवेदना का मर्म समझे
धर्म और अधर्म समझे
कर्म और अकर्म समझे

लोकनायक वही
जो विश्वास अर्जित कर सके
प्रत्येक का
और जो सारी प्रजा के
चित्त का प्रतिरूप हो

लोकनायक वह नहीं
जो विधि-अविधि की
बात करने से डरे
बस,
दण्डनायक भूप हो

राम : कहो जो कुछ भी तुम्हें कहना,
सुनूँ मैं
क्या तुम्हारे चित्त को
संवेदना का मर्म है,
—कुछ तो गुनूँ मैं

शम्बूक : प्रश्न करते ही
मुझे अधिकार-वंचित कर दिया
कहते हुए—
यह चाहिए वह चाहिए

किन्तु अब मेरे उसी मुख से
तुम्हीं संवेदना का मर्म
सुनना चाहते हो
किसलिए?

राम : लोक-मानस
कर्म का औचित्य समझे,
इसलिए

शम्बूक : सभी पृथ्वी-पुत्र हैं तब जन्म से
क्यों भेद माना जाय
जन्मजात समानता के तथ्य पर
क्यों खेद माना जाय

‘जन्मना जायते शूद्रः’
क्या नहीं सबके लिए यह सत्य
और ‘संस्कारात्’ ही ‘द्विज उच्यते’
की घोषणा का क्यों न हो सातत्य

जड़ समाज
मनुष्य की रचना नहीं है
गतिरहित जीवन
कभी अपना नहीं है

राम : विधि-विहित
निज कर्म-पथ का त्याग
क्या जड़ता नहीं है?
कर्म-सीमा-भंग
क्या नृप-दृष्टि में गड़ता नहीं है?

तप नहीं है शूद्र का कर्त्तव्य,
फिर से सोच लो शम्बूक।
उसे सेवा-कर्म ही भव्य
क्यों उसमें करे वह चूक

शम्बूक : तप कि जिस पर
सृष्टि का आधार हो
तप कि जिससे
चल रहा संसार हो
तप कि जिससे
त्रिदेवों को बल मिले
तप कि जिससे
मनुज को सम्बल मिले

मैं तुम्हीं से पूछता हूँ राम!
वही तप दुष्कर्म कैसे हो गया?
वही कृत्य अधर्म कैसे हो गया?
वही तप अपराध कैसे हो गया?
राज-दण्ड अबाध कैसे हो गया?

'सर्वभूतहिते रतः' व्रत क्या हुआ?
क्या न फिर उसने तुम्हारा मन छुआ?
राम तुम क्षत्रिय, कहाते ब्रह्म हो
कह सको तो विश्व-व्यापी सच कहो
वर्ग-हित या वर्ण-हित के ध्यान से,
जब तुम्हारा चित्त परिचालित न हो

राम : हो रहा हूँ
मैं नहीं उद्विग्न
ओ शम्बूक!
की नहीं मैंने
सुशासन में
कहीं कुछ चूक

शम्बूक : कौन शासक भूल अपनी मानता
सदा अपराधी प्रजा को जानता
राम तुम राजा बने किस हेतु हो?
व्यष्टि और समष्टि मन के सेतु हो?
शूद्र-घाती बने, करके क्रोध,
क्या तुम्हारा यही समता-बोध?

राम : बात करना
यदि नहीं आता तुम्हें
तो चुप रहो शम्बूक!
नहीं तो यह खड्ग
कर देगा
पुनः बढ़ती
तुम्हारी धृष्टता को मूक

क्या कहा तुमने कि मैं ही शूद्र-घाती हूँ
नहीं समता-बोध मुझमें, पक्षपाती हूँ
किन्तु रावण कौन था, सोचा नहीं तुमने
पतित ब्राह्मण क्यों हुआ, समझा नहीं तुमने

क्या नहीं मैंने किया वध भ्रष्ट ब्राह्मण का
क्या नहीं मैंने मिटाया वंश रावण का
शूद्र-ब्राह्मण नहीं कोई न्याय से ऊपर
नियम समता का यही चलता रहा भू पर

शम्बूक : उस समय तुम अवध के राजा नहीं थे राम!
फिर किसी परदेश में राजत्व का क्या काम?
व्यवस्था का तब तुम्हारा कुछ न था अधिकार
मात्र तुम थे एक निर्वासित महीप कुमार

जब पिता ने दिया केवल तुम्हीं को बनवास
क्यों वहाँ सौमित्र-सीता सह किया आवास?
हरण सीता का तुम्हारा व्यक्तिगत कारण
मरण रावण का उसी अपकर्म का वारण

उसी फल की सिद्धि को बाँधा गया था सेतु
युद्ध वानर-राक्षसों का उसी फल के हेतु
उस समस्त विपत्ति के कारण तुम्हीं थे राम!
हुआ सब कुछ देवगण के स्वार्थ के परिणाम

क्या कभी उन लोलुपों पर भी किया है क्रोध?
क्या कभी उन देवताओं को दिया उद्‌बोध?
या मुझी को आज देने आ गये उपदेश
क्या नहीं होता तुम्हारे चित्त को कुछ क्लेश?

ताड़का, मारीच, खर, दूषण, सुबाहु, कबन्ध
बालि, त्रिशिरा आदि का वध ही बना सम्बन्ध
क्या तुम्हारे न्याय का आधार है वध मात्र?
क्या विपक्षी सब केवल तुम्हारे लिये वध के पात्र

जो तुम्हारे पक्ष में हो, कुछ करे अन्याय
तुम रहोगे मौन, भूलोगे समस्त उपाय
शासकों को सदा यह सुविधा रही है राम!
प्रजा को इससे सदा दुविधा रही है राम!
मारते हो और कहते हो इसे उद्धार
चलेगा कब तक तुम्हारा यह घृणित व्यापार?

राम : बस करो शम्बूक!
अति सर्वत्र वर्जित है
सूर्य-कुल की कीर्ति सब
सत्कर्म अर्जित है

भरत के प्रति कहे
लक्ष्मण ने कठिन दुर्वाद
क्या मैंने नहीं किया
उनका त्वरित प्रतिवाद?

जब गये सुग्रीव
सब कर्त्तव्य अपना भूल
क्या न दी चेतावनी
मैंने समय अनुकूल?

जब उपेक्षा विनय की
करता रहा वारीश
क्या न शर-सन्धान से
मैंने किया नत शीश?

कर गया क्षत जब
जयन्त विदेहजा का वक्ष
क्या न मैंने बाण का
उसको बनाया लक्ष?

शम्बूक : कर चुके सब बात पूरी,
हो गया मन शान्त?
किन्तु वध का कौन-सा
इनमें दिया दृष्टान्त

बस रहा प्रतिपक्ष का
वध ही तुम्हारा इष्ट
पक्ष में आया निशाचर
हुआ स्वीकृत, शिष्ट

वह विभीषण था अगर
केवल तुम्हारा भक्त
क्यों बना लंकाधिपति
मन्दोदरी-आसक्त?

क्यों नहीं एकान्त में
जपता रहा हरि-नाम
क्यों विपक्षी बन वही
आया तुम्हारे काम?

कटे सिर फिर लगे उगने
पट गया रन-खेत
नाभि-सर की ओर
क्यों उसने किया संकेत?

विभीषण के नाम से
हे राम! अब भी
वंचना की गन्ध आती है
विभीषण का अर्थ
जन-मन में
अभी तक बन्धु-घाती है

राम : सुना मैंने, जो किया
तुमने अभी आक्षेप
पर तुम्हारे पाप पर
वह क्या बनेगा लेप

कर्म की जो भी व्यवस्था
सर्वजन स्वीकार्य
मानना उसका
किसी भी व्यक्ति को अनिवार्य

व्यक्तिगत आधार पर
उसका सकर्म निषेध
या कि उल्लंघन
न क्यों प्रेरित करे प्रतिषेध

एक का हित
दूसरे का जब अहित बन जाय
दूर कर देना उसे
है श्रेष्ठ राज-न्याय

प्रजा का परितोष
राजा का प्रमुख दायित्व
यह सहज कर्त्तव्य
स्वामी का नहीं स्वामित्व

किया मैंने त्याग
सीता का, प्रजा का अर्थ
नहीं तो क्या था
गृहस्थी-सुख मुझे कुछ व्यर्थ

शम्बूक : प्रजा का परितोष
अच्छी कही तुमने बात!
क्या न सीता को
प्रजा का अर्थ था कुछ ज्ञात?

प्रजा होने का उन्हें भी
क्या न था अधिकार
ली परीक्षा अग्नि की
फिर किया अस्वीकार

कब मिला अवसर उन्हें
जो कर सकें प्रतिवाद
दिया निर्वासन उन्हें
छल से गया सविषाद

भूमि-पुत्री से हुए
हे राम! तुम परिणीत
पर कहाँ उनसे हृदय को
सके सचमुच जीत

स्नेह था तो छोड़ देते
राम तुम भी राज्य
क्यों हुई केवल—
तुम्हारे हेतु सीता त्याज्य

क्या अवध से क्रूर
निष्कासन उन्हें स्वीकार्य?
क्या तुम्हारा यह
वधिक शासन उन्हें स्वीकार्य?

बस, रहे तुम सदा
उनके लिए तपते सूर्य
हैं तुम्हारे शब्द—
निज यश के निनादित सूर्य

राम : बस करो,
आगे न कहना
और कोई बात
हृदय में
जो दाह है मेरे
तुम्हें क्या ज्ञात?

मूर्ति सीता की रहेगी
यज्ञ में समकर्ष
एक-पत्नी-व्रत
सदा मेरा रहा आदर्श

शम्बूक : धन्य हो आदर्श-पालक!
धन्य है आदर्श!
क्या न पत्नी-त्याग ही
तुमको लगा उत्कर्ष?

यज्ञ वेदी पर रहेगा
स्थान उनका रिक्त
वह पड़ी वन में रहेंगी
आँसुओं से सिक्त

भूमिजा की कमी
कैसे कर सकेगी पूर्ति
मृत्तिका की नहीं,
सोने की बनेगी मूर्ति

राजसी मन पर तुम्हारे
स्वर्ण का ही राज्य
भूमि-पुत्रों का तुम्हें
अधिकार अब भी त्याज्य

कब सुना प्रतिपक्ष को
तुमने सहित सम्मान
दिया निर्वासन, किया वध
पक्षधर हो क्या न?

करे न्यायालय
तुम्हारा मत सदा स्वीकार
बस, यही हैं क्या
तुम्हारे न्याय का आधार?

व्यक्तिगत निर्णय
सभी को मान्य हो हर बार
क्या यही होगा
तुम्हारी नीति का व्यवहार?

यह रहा रावण
उधर है बालि
यह शम्बूक
अब न कहना
न्याय में तुमने नहीं की चूक

यदि विभीषण ही
तुम्हारे न्याय का प्रतिमान
तो वही ज्ञाता, वही त्राता
वही मतिमान्

राम : भूलते हो क्यों
हमारे पक्ष में हनुमान

शम्बूक : तुम कहोगे यही
मुझको था सही अनुमान

वानरों की बुद्धि
मानव को नहीं वरणीय
मनुज ही निश्चय करेगा
मनुज का करणीय

कहेंगे वाल्मीकि
सीता-त्याग है सत्कर्म
या रहेंगे मौन
इसको मान राज-अधर्म

करेंगे उसका
तुम्हारे पुत्र ही प्रतिकार
तब सफल होगा
तुम्हारा वंशगत अधिकार

पाप मेरा या तुम्हारा
तभी होगा सिद्ध
जब करेंगे पुत्र-शर ही
उर तुम्हारा विद्ध

राम : स्वयं करके तुम कदर्थित पाप
दे रहे हो क्यों मुझे अभिशाप?

शम्बूक : सोच लो क्या मैं तुम्हें
अभिशाप देता हूँ
या कि अपने पर
तुम्हारा पाप लेता हूँ।

तुम नियामक हो,
नियति के किन्तु फिर भी दास
मैं सदा ही दास था
मुझको अतीव सुपास

जो द्विजाति बने
त्वचा के गौर
रक्त का उनके
नहीं रँग और

शूद्र हूँ मैं
लिये काली देह
इसी से मुझ पर
तुम्हें सन्देह

इसी से
अक्षम्य मेरा पाप
इसी से
ब्राह्मण तनुज को ताप

किन्तु मेरा प्रश्न हो आकर्ण
क्या नहीं तुम स्वयं श्यामल वर्ण?

राम : वर्ण-भेद न जब तुम्हें स्वीकार्य
वर्ण-चिन्ता क्यों तुम्हें उर-धार्य?

शम्बूक : वर्ण से होगा नहीं अब त्राण
कर्म से ही मनुज का कल्याण
जन्म से निश्चित न होगा वर्ण
वर्ग तक सीमित न होगा स्वर्ण
कर्म से ही श्रेष्ठता अधिकार
कर्म सबके लिए सम आधार

राम : कर्म का सिद्धान्त शुभ स्वीकार्य
जन्म भी तो कर्म से ही धार्य
पूर्व जन्मों के किये अनुसार
जीव मरते-जन्मते हर बार
एक ही तो नहीं होता जन्म

कड़ी में कड़ियाँ पिरोता जन्म
किया तुमने तप
तुम्हें मैं मुक्ति देता हूँ
शान्ति मन को मिले
ऐसी युक्ति देता हूँ

शम्बूक : रुको, मत ऐसा मुझे तुम
मुक्ति दो रघुनाथ!
मानता हूँ मुक्ति मानव की
उसी के हाथ

किया तप, नीचे जलाकर आग
बह गया प्रस्वेद बनकर, राग,
द्वेष भी मुझमें नहीं अवशिष्ट
मुझे केवल लोक-मंगल इष्ट

'जनस्थान' महान् निर्जन स्थान
यहाँ आकर किया मैंने ध्यान
हो अधोमुख पिया मैंने धूम
थक गया ऋतुचक्र फिर-फिर घूम

हड्डियाँ ही हड्डियाँ अब शेष
उठो! कर दो इन्हें भी निश्शेष

राम : तुम तपस्या को बनाकर केन्द्र
क्या न थे बनने चले स्वर्गेन्द्र
क्या तुम्हारी वासना का बिन्दु
था न दिव्य कृपाण, निन्दक इन्दु

काटकर धड़ से तुम्हारा शीश
आज दूँगा मैं तुम्हें आशीष
यदि तुम्हें स्वीकार हो तो
लो अतुल वैराज नामक लोक
मोदमय आनन्दमय गतशोक
वासनाएँ हों तुम्हारी पूर्ण
करूँगा अभिमान केवल चूर्ण

शम्बूक : इस कृपा के लिए, बन अज्ञान
राम क्या तुमको कहूँ भगवान्?
स्वाभिमान नहीं निपट अभिमान
स्वाभिमानी व्यक्ति ही इन्सान

स्वाभिमान रहित मनुज है श्वान
दे सको तो दो उसे यह ज्ञान
तुम रहे देवत्व में ही लीन
और बनता गया मानव दीन

सब पतित, तुम पतित-पावन-मात्र,
क्या यही कह रहे भरे दश-गात्र?
यह भले ही भक्ति हो दृढ़-बन्ध
किन्तु समता का नहीं सम्बन्ध

ब्रह्म हो तुम, अंश हैं सब जीव
बँधे माया में अबोध अतीव
भटकते हैं शिशु सदृश हत-क्रान्ति
बिना माता के न पाते शान्ति

है तुम्हारा ही रचा यह चित्र
बहुत पावन, बहुत शुद्ध, पवित्र
किन्तु मानव शिशु नहीं है राम!
उसे करना है तुम्हारा काम

मृत्तिका में और सनने दो
उसे तनिक वयस्क बनने दो
ब्रह्म हो तुम, कीर्ति है अवदात
अगर मैं भी मान लूँ यह बात

जब लिया तुमने मनुज अवतार
क्या रहे शिशु से सदा लाचार
शक्ति मिली वयस्कता के साथ
सज गये शर-चाप से दो हाथ

बीस हाथों को किया बलहीन
ले गये जो जानकी को छीन
अगर मानव हैं तुम्हारे अंश,
क्यों रहे शिशु ही बना मनु-वंश?

स्वयं वापस लो समस्त निषेध
वह सके निज लक्ष्य जिससे वेध
वर्ण-सीमा तोड़ दो हे राम!
मनुज की गति मोड़ दो हे राम!

मैं तुम्हारे नियम का
बन्दी नहीं हूँ,
प्रकृति से अनिरुद्ध;
अब तपस्वी हूँ
नहीं तो राम!
मैं करता तुम्हीं से युद्ध

राम : छोड़ कर तप युद्ध! अक्षम चूक
यह नहीं शोभन तुम्हें शम्बूक!

शम्बूक : क्या तुम्हें शोभन तपस्वी-घात?
लो करो वध, अब न होगी बात

राम : क्या हुआ है तुझे दक्षिण हाथ!
क्यों न देता आज मेरा साथ

जो रहीं आसन्न-प्रसवा, पीत
लोक ने समझा जिन्हें अपुनीत

उन्हें तूने ही दिया वन-वास
हृदय हो जैसे न तेरे पास

तू बड़ा सीताधिवासन वीर
क्या तुझे करुणा, तुझे क्या पीर

उठ अरे! कर विप्र-सुत का त्राण
शूद्र-मुनि पर छोड़ तीक्ष्ण कृपाण

शम्बूक : 'क्या हुआ', लो मैं बता दूँ अर्थ
राम! अब तुम नहीं रहे समर्थ
तेज सब, सारी तुम्हारी शक्ति
बनी लव-कुश में कुशल अभिव्यक्ति

नयी पीढ़ी को प्रणत हो राम!
फिर सिधारो निज अयोध्या धाम
छोड़ दो यह व्योमचारी यान
पुनः पृथ्वी का करो संधान

जहाँ भी दीखे तुम्हें हल-रेख
क्लान्त सीता लो उसी में देख
ढाल दो कुछ बूँद खारी नीर
बहुत कम होगी तुम्हारी पीर

सहज समता हो सभी में व्याप्त
व्यवस्था के हेतु यह पर्याप्त
भूमि पर फिर भूमि की सन्तान
करे शासन, श्रम बने श्रीमान्

शक्ति से अपनी रहे गतिमान्
नयी धरती पर नया इन्सान

अन्ततः
नृप राम ने
लाचार हो,
कर दिया खड्ग-प्रहार
कट गया
शम्बूक का सिर
बह चली
कच्चे रुधिर की धार

किन्तु उसका स्वर
न हुआ व्यतीत
गूँजता ही रहा
बन कर गीत
झूठ का दायरा टूट के
ज्योति-पथ बने
जीवन के द्वार-द्वार
पावन संकल्पों की—
नव बन्दनवार तने।

जन-जन की छाती में
दबे बीज आस्था के—
लगें जागने, उगने।

नये द्वीप की लौ जैसी चमके—
नयी दृष्टि,
स्वार्थों की काली झँझरी से भी—
अरहर आलोक छने।

छिन्नशीश

कटा सिर लोहू रहा है थूक
मृत्यु में अमरत्व का स्वर घोल
चित्त की सब वृत्तियों को तोल
राम से कुछ कह रहा शम्बूक

प्राण की टूटी हुई है डोर
टकटकी बाँधे बधिक की ओर
मानता फिर भी न अपनी चूक
सुनो क्या-कुछ कह रहा शम्बूक

शम्बूक : भोगते हों जहाँ सब
अपने किये का ही

सदा अच्छा-बुरा परिणाम
एक का शुभ कर्म
क्यों बाधक बने फिर
दूसरे का मार्ग में, हे राम!

शूद्र-तप से
विप्र-बालक मर गया
यह कल्पना की बात

शूद्र-वध से
विप्र-बालक जी उठा
यह कल्पना की बात

किस तरह सोचा गया यह
किस तरह माना गया यह
किस तरह समझा गया यह
किस तरह जाना गया यह

करे कोई प्रश्न
तो सन्तोष देगा कौन
मरी संस्कृति की सदा
प्रहरी रहा है मौन

मात्र हिंसा नहीं मानव-न्याय
हैं अहिंसक और-और उपाय
दण्ड के हैं और बहुत विधान
शीघ्र जिनसे हो, किये का भान
व्यक्ति अपने आप, सहित विचार
कर सके अपराध निज स्वीकार
किन्तु वध है मृत्यु का वह दन्त
तुरत करता चेतना का अन्त
जो न देता एक क्षण अवकाश
बुद्धि तन-मन सभी सत्यानाश

अवध ने वध-नीति अपनायी
यही आश्चर्य!
क्या इसी में है तुम्हारे वंश का
सौकर्य?

ब्रह्म-हत्या-दोष से
तुम हो न पाये मुक्त
शूद्र-हत्या दोष भी
उससे हुआ संयुक्त

यदि रही वध ही तुम्हारी नीति
नहीं बदली गयी रघुकुल-रीति

राम आगे से तुम्हारा राज्य
कविजनों के हेतु होगा त्याज्य

दण्ड यतियों के करों में शेष,
हो गये अपराध सब निश्शेष

नर्तकों के नृत्य में ही भेद,
क्या समाज विभेद-हीन, अखेद?

इस प्रशंसा में कहाँ है सार,
चल सकेगा इसी से संसार?

पुष्पिता वाणी फलों से हीन
क्या भविष्यत्-बीज देगी दीन

शूद्र-तप से
पुत्र ब्राह्मण का मरा
क्यों करे स्वीकार,
ऐसा मत धरा

क्यों किसी सत्कर्म का
फल नष्ट हो
जाति कोई क्यों
किसी से श्रेष्ठ हो

शूद्र का तप
शूद्र को फलवान् हो
साधना जो भी करे
बलवान् हो

वैश्य, क्षत्रिय
ब्राह्मणों के कर्म भी
उचित-अनुचित,
धर्म और अधर्म भी

एक ही व्यापक
नियम से बद्ध हों
ऊर्ध्वता की ओर
सब सन्नद्ध हों

और सब तो यह
कि सब निर्वर्ण हों
तपें जीवन-साधना में
—स्वर्ण हों

मनुज पशुता-भाव से
ऊपर उठे
ज्योति के प्राचीर-सा
भू पर उठे

अन्तरिक्षों तक
सहज गतिमान् हो
मानसिक संकल्प
उसका यान हो

बुद्धि से पीछे छिपे
नख-दन्त जो
घात का उनके
किसी विधि अन्त हो

एक का क्यों दूसरा
शोषण करे?
कर सके तो—
हित करे, पोषण करे

यों सभी में
व्याप्त हो एकात्मता
भेद का मन को
न लग पाये पता

सब करें सेवा
अगर वह श्रेष्ठ है
त्याग दें सब स्वार्थ
यदि वह नेष्ट है

स्वार्थ-साधन
कुछ जनों का कर्म हो
और सेवा
दूसरों का धर्म हो

यह नहीं स्वीकार्य
यह तो त्याज्य है,
राम यह कैसा
तुम्हारा राज्य है!

मैं धरा का पुत्र हूँ
तुम ब्रह्म के अवतार
एक खाईं है,
हमारे बीच यह दुर्वार

शीश मेरा
कर चुके हो
देर से विच्छिन्न
करो निष्ठा को
न मेरी चेतना में भिन्न

किन्तु तुमसे प्रार्थना कुछ
क्यों करूँ मैं राम
भूप हो तुम—
तुम्हें मन के मर्म से क्या काम

लो उठाओ खड्ग अपना
तीक्ष्ण जिसकी धार
रक्त से करती रही है
स्नान बारम्बार

काट दो संकल्प का सिर
उठो!
यदि तुम हो सशक्त, समर्थ

अन्यथा लो मान
है वध-नीति कायरता तुम्हारी
और बिल्कुल व्यर्थ

राम लेकर खड्ग
मुनि-वध को चले
तो क्या हुआ

दबी पशुता ने
प्रखर पंजे बढ़ा
देवत्व के तन को छुआ

किसी की बलि से
किसी की प्राण-रक्षा
अघता से युक्त
यह आदिम व्यवस्था

क्यों करे विश्वास
इस पर व्यक्ति कोई
क्यों करे संलग्न
इससे भक्ति कोई

नहीं इससे मनुज का
गौरव बढ़ेगा
विषमता से और भी
गौरव बढ़ेगा

आत्मकथ्य

मैं था
मिट्टी का एक जिन्दा घड़ा
जिसे लोहे की चोट से
तोड़ा गया

फिर चुपके से
गली के अँधियारे
कोने में
टोटके-सा छोड़ा गया

उससे जो—
बूँद-बूँद बहता रहा
जल नहीं
आदमी का खून था

जिन्होंने ठीकरे उठाये
उन्हें दीख पड़ा

मैं था
मिट्टी का एक जिन्दा घड़ा

देखा जब
लोहू का
लाल बड़ा-सा थक्का

उन सबके मन को भी
लगा अचानक धक्का

पर ऐसा नहीं
कि वे हो जाते
अनायास
आहत के साथ

घातक के स्वार्थ में
उनके थे बँधे हाथ

कैसे उठाते वे
आततायी हाथों पर
अस्त्र-शस्त्र
कैसे कर पाते वे
उसकी करनी विवस्त्र

भीतर कहीं-न-कहीं
उन्हें भी लगता रहा
मेरा अपमान सही

चोट पर चोट पड़ी
मेरा तोड़ा जाना
अन्ततः
उनको भी नहीं खला
वे क्यों फँसाते अपना;
फँसा था मेरा गला

निकले
वध-नीति के ही पक्ष में
ऐसे दर्शक सारे
बेचारे

मेरे कलेजे के टुकड़े ही
बस
मेरे साथ रहे

काले रक्त से सने
मेरी मृत्यु के प्रमाण बने

जहाँ पर मैं तोड़ा गया
दुनिया ने
रहने दिया मुझको
वहाँ ही पड़ा

मैं हूँ
अब
मिट्टी का एक
मुर्दा घड़ा

मुझे लगता है
कि मेरी दोनों आँखें
कई गुनी बड़ी होकर
धरती में जड़ गयी हैं

और पुतलियाँ
बिना हिले-डुले
सिर्फ देखती हैं
अबाध
कितना आश्चर्य है
कि पलकों से
बाहर जाते ही

मेरी दृष्टि
सर्वव्यापी हो गयी है
मुझे सम लगने लगे हैं
ऋषि और व्याध

जड़ता की सीमा में
मुक्ति की ऐसी
विडम्बना भरी अनुभूति!

कितने लघु कीट
मेरी देह पर
रेंग-रेंग
रचते वाल्मीक नये
लगता मुझे
बन गया जैसे मैं
दूसरा वाल्मीकि

अब तक के अनुभव की
अपनी निरीहता में
'मरा मरा' ही तो मैं जानता
अपने अन्तरतम में
त्राता, घट-घटवासी, अविनाशी
'राम' को कहाँ हूँ पहचानता

मेरे सब ओर
एक जंगल उग आया है
मेरा रोआँ-रोआँ
जैसे देने लगा है शाखें
जहाँ जो कभी नहीं उपजा
वहीं वह आज उग रहा है
धरती पर धीरे से उतरा

नील पक्षी आकाश का
तारों जैसा प्रदीप्त
दाने चुग रहा है

शूद्र हूँ मैं
मानव समाज में
मेरा अस्तित्व बहुत अल्प है
फिर भी
जाने क्यों मेरे मन में
युग-युग से परिभाषित
व्यक्ति के चरित्र को
मानव भविष्य को
नये सन्दर्भों में
जानने-समझने का
उपजा संकल्प है

वर्षों तक
कितना सोचा
कितना समझाया
अपने को,
फिर भी कब भूल सका
उलटी आँखों देखे
समता के सपने को

हैं उगी सब ओर
कैसे तोड़ दूँ शाखें
हुई मुझमें लीन
कैसे फोड़ दूँ आँखें

घोंसले से नीचे गिरा
रोयेंदार लोंदे-सा
चिड़िया का बच्चा एक
जाने किस स्रोत से
बढ़ने की शक्ति पा
पंख खोल
पृथ्वी को छोड़कर
नीले आकाश में
मुक्त उड़ जाता है

और जब चाहता है
अपने डैने समेट
भू पर उतर आता है

नाचता है, गाता है
रंग-रूप-मय होकर
जीता है स्वयं
और देता दूसरों को
जीने की प्रेरणा

नीचे गिरे होने का दुःख झेल
मैंने भी चाहा था
इसी भाँति
जीवन में
अपनी स्वाभाविक गति
पा लेना

लेकिन जो भेद-बुद्धि
मान्य है
प्रमाणित है

पूज्य है
—मानव-समाज में
वही सदा
मेरे आड़े आयी

ऊपर उठ सकने के
मेरे संकल्प पर
करती रही बार-बार
दुर्वह तीखे प्रहार
पर मैंने उसके आगे
मानी नहीं हार
बचपन से यौवन तक
मुझे रहे
ऋषिवर दुतकारते

यद्यपि
थे सब-के-सब
साग-पात सेवा स्वीकारते
घिस गये हैं मेरे हाथ
उन सब के आश्रम की
धरती को
झाड़ते-बुहारते

कभी-कभी
जब उनके
पावन उपदेशों से
हो कृतार्थ
धुले हाथ
छूने को बढ़ाता मैं

मिट्टी से सने पाँव
कहकर अस्पृश्य मुझे
देते बाहर निकाल

और कभी
जब मैं उनके जैसा
आसन लगाता था
मुझको अधिकारहीन
कहकर धिक्कारते

कुछ थे
दुर्वासा से भी बढ़कर
जब भी, जहाँ भी
देख पाते बैठा मुझको
डण्डे से मारते
जटा फटकारकर
आँखों से अंगारे बरसाते

अपने अस्तित्व की रक्षा में
कभी-कभी
खो देता था मैं भी
सन्तुलन

तब मुझ पर
सामूहिक रीति से
मिलकर ऋषि लोग
अथक
करते पाद-प्रहार

खाता जब लात
मुझे सुख मिलता
क्रोध में, या—
बर्बर आवेश में—
कैसे भी सही
अरे उन सबके
छूने लायक तो मैं हो गया

वे समझते थे
किया मुझको पराजित
उन्होंने
देकर अमानुष दण्ड
किन्तु मैं होता गया
ऐसे विषम व्यवहार से
कुछ और भी उद्दण्ड

मुनिवरों के
शाप-भय से त्रस्त हो
मेरे सगे-सम्बन्धियों ने
दिया मुझको त्याग

मैं यहाँ एकान्त में
जलता रहा
बरसों जलाकर आग
किन्तु भूलूँगा अगर

मैं एक मुनि की बात
चित्त मेरा
मुझे कोंचा करेगा
दिन-रात

थी उन्हीं क्रोधाग्नियों में
एक हिम-जल-धार
मुझे शीतलता
वहीं से मिली
सहज, अपार

वृद्ध ऋषिवर एक थे
अति शान्त, करुणाशील
कृपा-समुद्र
पूजते थे नित्य
निष्ठा सहित
शुचि निर्माल्य लेकर
नील-लोहित रुद्र

जिस तरह शिव को
अशिवता नहीं गर्हित त्याज्य
समझते थे मनुज को
वे उसी विधि अविभाज्य
सृष्टि की प्रतिकूलताएँ
रूप में जिसके समाएँ
वही मङ्गल-मूर्ति
वही कर सकता सदा
हर कामना की पूर्ति

यही था उनका
हृदय-प्रेरित
सुदृढ़-सिद्धान्त

इसी की अनुभूति
उसको सदा रखती
—शान्त
भावना की साधना से
थे बने ऋषिराज
निज आराध्य का प्रतिरूप
पुतलियों से झाँकते थे
दो अमृत के कूप

अन्य मुनियों की तरह
रखते न थे दुर्भाव
देखकर मुझको
बुलाते पास
बिना दुराव

फेरते थे शीश पर
वात्सल्य पूरित हाथ
और भाव-विभोर
मैं भी झुका देता माथ

किन्तु देखा गया
विधि से
सुख न मेरा और
जड़ नियति ने काट दी
आने लगा जब बौर

दस्युओं ने एक दिन
आकर किया
मुझ पर कुठाराघात
शक्ति भर, लाचार—
मैंने भी किया प्रतिघात

एक था मैं
वे बहुत थे
इसी शाखा से
दिया मुझको
उन्होंने बाँध,
पास में ही थी सुलभ
नीचे जला दी आग
ज्यों मुझको रहे हों राँध

और तब से मैं
इसी कातर दशा में
हो रहा हूँ क्षीण

लोक में विश्रुत हुआ
मैं क्षुद्र होकर भी
तपस्या-लीन

जले-झुलसे
किन्तु फिर भी
गये बढ़ते केश

इस तरह से
हो गया मैं
और भी मुनि-वेश

दर्शनों को लोग आते
साथ में फल-फूल लाते
आग बुझती देखकर
ईंधन जुटा, फिर से जलाते

राम! मुझको—
मिल नहीं पाया कभी सम्मान
पूज्य होने की पुलक से
जिन्दगी भर
मैं रहा अनजान

लिये श्रद्धा-भक्ति
जो भी पास आया
किसी को मैंने नहीं
सच-सच बताया

समय बीता
हो गयी घटना पुरानी
जानता था मैं
किसी ने भी न जानी

निज हृदय का सत्य
तुमसे खोलता हूँ राम!
अब नहीं है मृत्यु-भय
सच बोलता हूँ राम!

बिना मुझको दिये अवसर
बिना समझे बात
वध किया, मुझको यही
सबसे बड़ा आघात

भक्त बनकर मैं न ले पाया
तुम्हारी ओट
खड्ग तन पर ही लगा
मन पर लगी यह चोट

मैं समझता था तुम्हें
निष्पक्ष करुणा-मूर्ति
पर न कर पाये तुम्हीं
मेरी तृषा की पूर्ति

हो चुका है देह से अब
मुक्त मेरा प्रेत
कर रहा मुझको
अयोध्या से वही संकेत

विप्र बालक तरु चढ़ा
सबको दिखाकर दर्प
डाल में यम-पाश-सा
लिपटा हुआ था सर्प

डस गया सहसा उसे
वह जीव ही चुपचाप
यों अचेत गिरा—
लगा जैसे किसी का शाप

मित्र ले आये उसे घर
देह ज्यों-त्यों थाम
देखते ही मच गया
परिवार में कोहराम

विष लगा चढ़ने
लगी कुछ स्याह पड़ने देह
पिता को भी हो गया
विष-दंश का सन्देह

मन्त्र-तन्त्र समेत
सब उपचार करके
जब गया वह हार
रात के चौथे पहर
उसको लिये वह विप्र
जा पहुँचा तुम्हारे द्वार

क्षुब्ध था सुत शोक से इतना
कि देने लगा तुमको दोष
हुई मृत्यु अकाल उसकी
छा गया आकुल प्रजा में रोष

राम! तुम हो जानते
आगे घटी जो बात
पर अचानक
जी उठी मृत देह कैसे
यह न होगा तुम्हें
अब तक ज्ञात

तेल भरकर नाव में
जिसने सम्हाली देह
उसे उसके मृत न होने का
हुआ सन्देह

सर्प-विष-नाशक जड़ी का
था उसे कुछ ज्ञान
राजवैद्य विफल हुए
पर वह हुआ फलवान्

कुछ समय उसको लगा
पर खोज लाया मूल
गया ज्योंही कण्ठ में रस
खिल गया मुख-फूल

मात्र यह संयोग ही था
जी उठा वह बाल
और मेरा वध
प्रकट कारण बना तत्काल

प्रेत का संकेत मुझको
बुद्धि संगत लग रहा है राम!
इस जगह पर तुम्हारी सर्वज्ञता
आयी नहीं कुछ काम

था तुम्हारा चित्त
क्रोधावेश से भर-पूर
सत्य भासित हो न पाया
रहा तुमसे दूर

देखता हूँ अब अचानक
जानकर यह भेद
हो रहा है हृदय को
अतिशय तुम्हारे खेद

अब करो मत व्यर्थ
उसके हेतु पश्चात्ताप
त्रुटि हुई अनजान में जो
है नहीं वह पाप

पाप-पुण्य मनुष्य के ही
कर्म के आयाम
नियति रचती है परिस्थिति
क्या कहूँ मैं राम

लोग कहते हैं
कि यह लीला तुम्हारी है
किन्तु मानव के लिए
यह बहुत भारी है

न्याय या अन्याय दोनों
हो नहीं सकते कभी
मानव-नियति से दूर
भला दण्ड-विधान
कैसे रह सकेगा
व्यक्ति मन की
सहज गति से दूर

गहनता है न्याय में इतना
उलझनें हैं व्यक्ति में कितनी

है विवेकी वही
जो जग के विषम व्यवहार में भी
पथ बना ले

जटिलता में
कुटिलता में
धर्म-रथ की धारणा-सा
सुलभ कोई रथ बना ले

है समाज वही सुसंस्कृत
जहाँ होता व्यक्ति का सम्मान
कर सकेगा वही
मानव की समस्या का
सटीक निदान

राज्य जो संस्कृतिरहित है, दर्प है।
डसेगा मानव-नियति को, सर्प है।

राम! जो कुछ कहा मैंने
हुई उसमें हो कहीं यदि चूक
तो न लाना ध्यान,
अब निदेह होकर
और तुमसे क्या कहे शम्बूक

रक्त-तिलक

शाखा में लटके
शम्बूक के
कटे हुए शीश ने
शब्दों से
गाढ़ा-काला रक्त वमन कर
एकलव्य के
शरच्छिन्न बूंगे अँगूठे से कहा—

'उठो
मेरे माथे पर
अपने ताजे खून का
तिलक करो।
पैरों से कुचली प्रतिष्ठा के
राज्याभिषेक के लिए
मुझे एक युग से
तुम्हारी तलाश थी

जो मेरी नियति थी
तुम्हारी भी वही हुई

मैंने जब माँगा
जन्म-सिद्ध अधिकार
आत्मा के शिखरों को छूने का
स्वयं खड्ग-पाणि हो

उतर आये हिंसा पर
मर्यादा पुरुषोत्तम

मेघा से मुझको
पराजित नहीं कर पाये
केवल व्यवस्था के तर्क की
पैनायी धार से
काटकर मेरा स्वत्व
वध की क्रूर भाषा से
कर दिया मेरी शंकाओं का समाधान
लेकिन निरुत्तर मैं नहीं हुआ,
वही हुए

सारी बाण-विद्या पर
केवल दो वर्णों का आधिपत्य
तुमको जब असह्य हुआ,
भूल गये गुरुवर
तुम्हारी दिव्य निष्ठा को,
पूजा को,
भक्ति को,
दक्षिण में

दक्षिण भुजा से
तुम्हें माँग लिया
हिंसा का दोष भी
अपने सर नहीं लिया;

ऐसी पराकाष्ठा पर पहुँचा हुआ
स्वार्थ कहीं देखा है?

सुना है,
इससे भी बड़ा कहीं
शिष्यों से शिक्षक का पक्षपात!

तुम भी हुए होते कहीं
राजवंशी
क्षत्रिय बालक कुलीन
बदल गया होता गुरुवर्य का
तुम्हारे प्रति दृष्टिकोण

तुम्हारी संतप्त आत्मा में
—आग है
प्रतिक्षण धधकते अपमान की,
इसीलिए चाहता हूँ

ज्वाला में जलते हुए
हाथ का तुम्हारे ही
दाहक संस्पर्श एक
मैं अपने
सदियों से ठण्डे पड़े
माथे पर

शिव के तीसरे नेत्र की तरह
वह रक्त-तिलक
प्रज्वलित होते ही
कर देगा भस्मसात्
झूठे अहंकार की
पूरी वासना-देह
निस्सन्देह।

●●●